F. Jacques Roy

Prier en esprit

F. Jacques Roy

Prier en esprit

Comment céder au don des langues

Éditions Croix du Salut

Impressum / Mentions légales
Bibliografische Information der Deutschen Nationalbibliothek: Die Deutsche Nationalbibliothek verzeichnet diese Publikation in der Deutschen Nationalbibliografie; detaillierte bibliografische Daten sind im Internet über http://dnb.d-nb.de abrufbar.
Alle in diesem Buch genannten Marken und Produktnamen unterliegen warenzeichen-, marken- oder patentrechtlichem Schutz bzw. sind Warenzeichen oder eingetragene Warenzeichen der jeweiligen Inhaber. Die Wiedergabe von Marken, Produktnamen, Gebrauchsnamen, Handelsnamen, Warenbezeichnungen u.s.w. in diesem Werk berechtigt auch ohne besondere Kennzeichnung nicht zu der Annahme, dass solche Namen im Sinne der Warenzeichen- und Markenschutzgesetzgebung als frei zu betrachten wären und daher von jedermann benutzt werden dürften.

Information bibliographique publiée par la Deutsche Nationalbibliothek: La Deutsche Nationalbibliothek inscrit cette publication à la Deutsche Nationalbibliografie; des données bibliographiques détaillées sont disponibles sur internet à l'adresse http://dnb.d-nb.de.
Toutes marques et noms de produits mentionnés dans ce livre demeurent sous la protection des marques, des marques déposées et des brevets, et sont des marques ou des marques déposées de leurs détenteurs respectifs. L'utilisation des marques, noms de produits, noms communs, noms commerciaux, descriptions de produits, etc, même sans qu'ils soient mentionnés de façon particulière dans ce livre ne signifie en aucune façon que ces noms peuvent être utilisés sans restriction à l'égard de la législation pour la protection des marques et des marques déposées et pourraient donc être utilisés par quiconque.

Coverbild / Photo de couverture: www.ingimage.com

Verlag / Editeur:
Éditions Croix du Salut
ist ein Imprint der / est une marque déposée de
OmniScriptum GmbH & Co. KG
Heinrich-Böcking-Str. 6-8, 66121 Saarbrücken, Deutschland / Allemagne
Email: info@editions-croix.com

Herstellung: siehe letzte Seite /
Impression: voir la dernière page
ISBN: 978-3-8416-9897-1

Copyright / Droit d'auteur © 2014 OmniScriptum GmbH & Co. KG
Alle Rechte vorbehalten. / Tous droits réservés. Saarbrücken 2014

PRIER EN ESPRIT

Comment céder au don des langues

F. Jacques Roy, p.s.f.

Au service de Jésus Christ sauveur

Avant-propos

Le don des langues, si vivant dans l'Église primitive, a fait soudain irruption dans l'Église de notre temps à la faveur du Renouveau dans l'Esprit Saint.

Les témoignages abondent qui nous permettent de mieux connaître ce charisme de l'Esprit et de mieux apprécier les fruits spirituels dont il est porteur.

Mais tout est déjà dans la Sainte Écriture, chez Saint Paul surtout qui nous fait bénéficier des révélations de l'Esprit Saint, et son enseignement est lui-même tout appuyé sur son expérimentation personnelle de ce charisme et sur son expérience pratique des groupes de prière.

Le but de la présente brochure est de montrer qu'il est possible de bien connaître ce charisme en s'appuyant sur la Parole de Dieu; qu'il est simple de céder à l'Esprit Saint et de laisser jaillir de son cœur cette prière ou ce chant "en esprit"; et que ce don de prière s'avère un atout précieux pour tous ceux qui s'adonnent à la prière et en particulier à la prière d'oraison.

1. Tout repose sur la foi en la Parole de Dieu

"Jésus leur dit une parabole sur ce qu'il leur fallait toujours prier sans jamais se lasser" (Lc 18, 1).

"Vivez dans la prière et les supplications; priez en tout temps, dans l'Esprit; apportez-y une vigilance inlassable et intercédez pour tous les saints" (Ep 6, 18).

Ces deux textes ont inspiré de façon particulière la composition de cette brochure sur "la prière en esprit" pour faciliter l'habitude de recourir à Dieu dans la prière. Il faut se rappeler que "toute Écriture est inspirée de Dieu," dit l'Apôtre (2 Tm 3, 16). Dans la *Constitution dogmatique sur la Révélation divine* de Vatican II, l'Église universelle est venue nous rappeler le vrai sens de la foi en la Parole de Dieu. Parlant de l'inspiration de la Sainte Écriture, voici ce qu'affirme ce document conciliaire:

Ce qui a été divinement révélé, et qui est contenu et exposé dans la Sainte Écriture, a été consigné sous l'inspiration du Saint-Esprit.

Les livres entiers tant de l'Ancien que du Nouveau Testament, avec toutes leurs parties, la Sainte Mère Église les tient, en vertu de la foi reçue des Apôtres, pour saints et canoniques, parce que, composés sous l'inspiration du Saint-Esprit, ils ont Dieu pour auteur, et ont été transmis comme tels à l'Église elle-même.

Pour la rédaction des livres saints, Dieu a choisi des hommes; il les a employés en leur laissant l'usage de leurs facultés et de toutes leurs ressources, pour que, Lui-même agissant en eux et par eux, ils transmettent par écrit, en auteurs véritables, tout ce qu'Il voulait, et cela seulement.

Donc, puisqu'on doit maintenir comme affirmé par le Saint-Esprit tout ce qu'affirment les auteurs inspirés ou hagiographes, il s'ensuit qu'on doit confesser que les livres de l'Écriture enseignent nettement, fidèlement et sans erreur, la vérité telle que Dieu, en vue de notre salut, a voulu qu'elle fût consignée dans les Saintes Lettres.

C'est pourquoi "toute Écriture est inspirée de Dieu et utile pour enseigner, réfuter, redresser, former à la justice: l'homme de Dieu peut ainsi se trouver accompli, équipé pour toute bonne œuvre" (2 Tm 3, 16-17) (Dei Verbum, 11).

Appuyés solidement sur la véracité de la Parole de Dieu telle qu'enseignée par l'Église, nous vous invitons à lire et à méditer ce présent enseignement sur le don des langues, fruit de notre méditation, mais surtout fruit de notre vécu, de notre propre expérience spirituelle.

La pratique du don des langues est inscrite dans la *Règle de vie des Pauvres de Saint-François* et contribue pour beaucoup à la vitalité des autres dons, entre autres ceux de prophétie et de discernement.

Le renouveau des charismes de l'Esprit à notre époque, de même que l'expérimentation que nous en faisons bien modestement pour notre part, est en soi une merveille de Dieu, un signe des temps que le Seigneur fait à l'Église et au monde de notre temps.

De telles manifestations dites prophétiques étaient pourtant chose courante dans l'Église primitive: elles sont même décrites dans les Écritures, en particulier par Saint Paul dans sa première Épître aux Corinthiens au chapitre 14.

2. Deux facettes du don de prière

Lorsqu'il traite du don des langues, Saint Paul départage deux types de prière, définit deux façons de prier quand il écrit:

"Si je prie en langues, mon esprit est en prière, mais mon intelligence n'en retire aucun fruit. Que faire donc? Je prierai en esprit, mais je prierai aussi avec l'intelligence. Je chanterai une hymne en esprit, mais je le chanterai aussi avec l'intelligence" (1 Co 14, 14-15).

Il parle donc bien de deux types de prière: l'une qui est faite avec l'intelligence, et l'autre qui est faite en esprit.

3. "Je prierai avec mon intelligence..." (1 Co 14, 15)

Quand je récite le *Notre Père*, ou que je récite quelque oraison jaculatoire comme, par exemple: "Seigneur Jésus Christ, prends pitié de moi qui suis pécheur"; ou encore: "Cœur Sacré de Jésus, j'ai confiance en vous", je prie avec mon intelligence; en effet, je prie en termes parfaitement intelligibles, j'ai la compréhension de ce que je dis de même que ceux qui m'entendent si je prie à haute voix.

C'est le Seigneur Jésus lui-même qui nous a enseigné à prier, c'est lui qui nous a enseigné le *Notre Père* à la demande d'un de ses disciples (Lc 11, 1-4). Il n'a donc rien contre la prière faite "avec l'intelligence".

De même, quand je récite l'Office divin, en groupe ou en privé, l'Office divin qui est la prière officielle de l'Église, je comprends ce que je dis, je prie "avec mon intelligence".

Ou encore, quand je formule une prière au Seigneur dans le secret de mon cœur, quand je lui dis que je l'adore, que je l'aime, ou que je lui demande pardon pour mes péchés ou lui recommande telle ou telle intention, je comprends ce que je dis, je prie donc "avec mon intelligence".

Même si je peux affirmer que je prie dans la paix de l'Esprit Saint, et même sous l'action de l'Esprit Saint, mon intelligence joue son rôle propre dans ce que je dis puisque je le fais en termes intelligibles et parfaitement compréhensibles.

De même aussi quand je prophétise: bien que ce soit des paroles venant de l'Esprit Saint que je prononce en exerçant le charisme de prophétie, acceptant de donner pour l'édification de mon prochain ces mots jaillis mystérieusement en mon cœur, je comprends parfaitement les paroles qui sortent de ma bouche, j'en ai l'intelligence et l'assemblée aussi; j'exprime donc ces mots avec mon intelligence en même temps que j'exerce un don spirituel.

4. "... mais je prierai aussi en esprit" (1 Co 14, 15)

Le don des langues est un don de prière qui vient de l'Esprit Saint, qui est le propre de l'Esprit Saint, une prière faite de syllabes et de mots qui jaillissent en mon cœur et sur mes lèvres, et que j'accepte de sonoriser et d'articuler dans un acte de foi, des mots dont je n'ai pas la compréhension avec ma raison et qu'il est impossible à mon intelligence de décoder.

Une prière qui est donc pur acte de foi, qui m'oblige à marcher sur les eaux de la foi nue puisque, d'une part, je n'ai pas l'intelligence de ce que je dis, et que, d'autre part, ni mes sens internes ni mes sens externes n'en retirent quelque satisfaction que ce soit, si ce n'est cette onction indéfinissable de paix qui se manifeste et qui est la marque de l'Esprit Saint visitant mon âme.

C'est un acte de foi et non de raisonnement, acte de foi pur, si déboussolant pour les grands que nous sommes!

Au chapitre 14, verset 15 de cette première épître aux Corinthiens, la néo-Vulgate porte bien: "Orabo spiritu", ce qu'il faut rendre par: "Je prierai *en* esprit"; et "Psallam spiritu", ce qu'il faut traduire par: "Je chanterai *en* esprit, je chanterai un psaume, un cantique, une hymne *en* esprit."

Il est légitime de penser que c'est bien ces chants en langues que désigne Saint Paul sous le terme de "cantiques inspirés" quand il écrit aux Colossiens:

"Chantez à Dieu de tout votre cœur avec reconnaissance, par des psaumes, des hymnes et *des cantiques inspirés*" (Col 3, 16).

5. S'abandonner à l'action de l'Esprit Saint

Prier en langues ou "prier en esprit" consiste, sous l'action de l'Esprit Saint, à accepter de quitter une prière faite de mots et de phrases du langage courant pour utiliser une langue nouvelle, la plupart du temps incompréhensible des hommes, mais compréhensible de Dieu car il en est l'inspirateur. Comme le signale Saint Paul:

"Celui qui parle en langues ne parle pas aux hommes mais à Dieu" (1 Co 14, 2).

Cela requiert de demander à l'Esprit Saint qu'il vienne lui-même louer par notre propre bouche, de s'abandonner à l'action de l'Esprit Saint jusqu'à accepter de balbutier, comme le petit enfant, des syllabes incompréhensibles, par amour, et à croire dans la foi que ce sont là "les gémissements ineffables" dont parle Saint Paul (Rm 8, 26).

En fait, dans la pratique, l'exercice de ce charisme demande une grande humilité et petitesse, et une foi solide, car il n'est pas simple dans notre prière de renoncer à tout comprendre.

Oui, nous sommes des grands avec nos études et nos connaissances qui nous sont venues et qui nous viennent chaque jour de toutes sortes de sources et dont nous sommes encombrés comme des mulets surchargés; études et connaissances auxquelles nous sommes attachés comme des avares à leurs trésors et qui nous sont plus chères que nous-mêmes tellement elles font partie de nos personnes et de nos personnalités.

Se laisser aller à balbutier comme des bébés, peut-il y avoir chose plus déboussolante pour un esprit du 21e siècle habitué à tout raisonner, à tout disséquer, à tout analyser!

6. Osez donner une voix à ces "gémissements ineffables" de l'Esprit qui montent en vous!

Mais c'est cet Esprit – répandu en nous à profusion! – "qui se joint en personne à notre esprit" pour nous donner de nous écrier: "Abba! Père!", ainsi que: "Jésus est Seigneur" (cf. Rm 8, 16-15; 1 Co 12, 3), et pour "intercéder pour nous en des gémissements ineffables!" (Rm 8, 26).

Car, par nous-mêmes, nous ne savons pas prier (cf. Lc 11, 1-4), et souvent nous prions mal, nous dit Saint Jacques, imbus que nous sommes de nos passions et de l'esprit du monde (cf. Jc 4, 2c-4).

"Nous ne savons que demander pour prier comme il faut!" Voilà pourquoi "l'Esprit vient au secours de notre faiblesse; l'Esprit lui-même intercède pour nous en des gémissements ineffables!" (Rm 8, 26), en particulier par le don des langues, par le "prier en esprit".

Ces *gémissements ineffables* montent au cœur de qui veut bien les entendre et les laisser jaillir de sa bouche. Ce don de prière est "répandu" merveilleusement du Royaume des cieux par le Christ ressuscité (Ac 2, 33) pour donner aux fils du Royaume de prier en esprit, de laisser monter vers Dieu une hymne de louange et d'action de grâce en esprit et d'adorer en esprit et en vérité, car

"ce sont là les adorateurs tels que les veut le Père. Dieu est Esprit, et ceux qui adorent, c'est en esprit et vérité qu'ils doivent adorer" (Jn 4, 23-24).

7. Cette présence agissante de la Personne de l'Esprit Saint en tout baptisé!

Il est plus que légitime pour un baptisé de chercher à en savoir plus sur l'Esprit Saint, et sur les dons de l'Esprit Saint, comme nous le faisons ici pour le don des langues, car cet Esprit qui vient de Dieu et qui est Dieu nous a été donné et nous l'avons reçu précisément "afin de connaître les dons que Dieu nous a faits", dit Saint Paul (1 Co 2, 12).

C'est pourquoi l'Apôtre écrit, au moment de se lancer dans ses explications au sujet des charismes: "Pour ce qui est des dons spirituels, frères, je ne veux pas vous voir dans l'ignorance" (1 Co 12, 1).

Il faut prendre conscience de cette réalité, que l'Esprit Saint est présent en nous avec tous ses dons! Et bien que cette réalité soit toute spirituelle, elle n'en est pas moins bien réelle et bien concrète.

Non seulement est-ce une vérité de notre foi maintes fois attestée par la Parole de Dieu et l'enseignement de l'Église, mais c'est encore une vérité qui n'a rien de théorique car tout chrétien, tout baptisé peut en faire l'expérience pour peu qu'il soit attentif à cette présence en lui, à ce doux souffle qui le pacifie ou le fait prier, qui tantôt lui apporte une lumière, tantôt une inspiration – inspiration de faire le bien ou d'éviter telle parole, telle attitude ou tel acte mauvais.

Depuis notre Baptême, la Personne de l'Esprit Saint est à l'œuvre en chacun de nous et cela de façon bien réelle, et tous ont pu en faire l'expérience en leur vie selon le degré d'attention et de coopération à cette réalité.

En effet, Dieu notre Père et Sauveur, "poussé par sa seule miséricorde, nous a sauvés par le bain de la régénération et de la rénovation en l'Esprit Saint. Et cet Esprit, il l'a répandu sur nous à profusion par Jésus Christ notre Sauveur" (Tt 3, 5-6). "À profusion"! (Rm 5, 15, 17).

Donc, puisque l'Esprit de Dieu habite en nous, nous ne sommes pas dans la chair, mais dans l'Esprit (cf. Rm 8, 9).

L'Esprit qui nous a été donné a répandu l'amour de Dieu en nos cœurs ainsi que ses dons: ses dons sanctifiants selon que l'Esprit est appelé Esprit aux sept dons (cf. Is 11, 2-3a), et ses dons charismatiques spécifiquement ordonnés à l'édification et au bien commun des membres du Corps que nous formons en tant qu'Église du Christ.

Mais si l'Esprit est présent en nous avec tous ses dons, – car ce n'est pas un petit morceau d'Esprit Saint que nous avons reçu au Baptême –, dans la pratique cependant les dons ne sont pas tous agissants en même temps dans une même personne.

Un exemple suffira pour comprendre cet état de fait. Le charisme de gouverner, charisme nommé par Saint Paul en 1 Co 12, v. 28, ne sera certainement pas aussi agissant chez un chrétien qui n'a aucune responsabilité particulière dans la vie, que chez un pasteur d'âmes – le Saint-Père, par exemple – ou dans le cœur d'un chrétien engagé socialement.

Voilà pourquoi Saint Paul dit qu'il y a diversité de dons spirituels, de ministères et d'opérations, et il ajoute:

"À chacun la manifestation de l'Esprit
est donnée en vue du bien commun" (1 Co 12, 7).

8. Manifestations du don des langues dans l'Église primitive

Le don des langues: manifestation spectaculaire de l'Esprit Saint au jour de la Pentecôte, jour premier de l'Église. "Tous furent alors remplis de l'Esprit Saint et commencèrent à parler en d'autres langues, selon que l'Esprit leur donnait de s'exprimer" (Ac 2, 4).

Mais ici, dans ce cas précis de la Pentecôte, il s'agit d'une facette bien particulière du don des langues, où l'Esprit donne de parler en d'autres langues humaines et où les auditeurs entendent parler chacun sa propre langue maternelle.

Ce phénomène, savamment identifié sous le nom de "xénoglossie", s'est reproduit de nos jours d'une façon ponctuelle dans certaines assemblées de prière: un chant ou un message en langues – dans une langue tout à fait étrangère aux gens de l'assemblée –, est pourtant reconnu et parfaitement compris par une personne de telle nationalité présente dans le groupe, et je peux témoigner personnellement d'une telle merveille.

Mais ce n'est manifestement pas de cet aspect du don des langues dont Saint Paul traite en 1 Co 14. Au jour de la Pentecôte, en effet, – le texte des Actes est clair –, il s'agit de langues aux repères bien définis et identifiables, parfaitement intelligibles par les gens de telle ou telle nationalité, ce qui n'était pas du tout le cas à Corinthe.

Saint Paul affirme, en effet, et de toutes sortes de manières, qu'il s'agit de mots inintelligibles, de paroles ou de prières "que personne ne comprend" (14, 2, 9), de "sons confus" (v. 8) et indistincts (v. 9) dont on ignore la valeur (v. 11), langage "barbare" (v. 11), langage de "fous" (v. 23).

Il parle de paroles qui ont l'apparence d'un langage, langage incompréhensible pour celui qui parle comme pour ses auditeurs.

On reconnaît dans ce que décrit Saint Paul en 1 Co 14 et qu'il nomme "prière en esprit", – "glossolalie" pour les spécialistes –, ces manifestations spectaculaires de l'Esprit fondant sur les nouvelles communautés chrétiennes qui s'ouvraient à la foi en recevant le Baptême.

Saint Luc nous en rapporte deux cas dans les Actes:

"Pierre parlait encore quand l'Esprit Saint tomba sur tous ceux qui écoutaient la parole. Et tous les croyants circoncis qui étaient venus avec Pierre furent stupéfaits de voir que le don du Saint-Esprit avait été répandu aussi sur les païens. *Ils les entendaient en effet parler en langues* et magnifier Dieu" (Ac 10, 44-46).

"Et quand Paul leur eut imposé les mains, l'Esprit Saint vint sur eux, *et ils se mirent à parler en langues* et à prophétiser" (Ac 19, 6).

Il s'agit dans ces deux cas de "saisies" pour le moins extraordinaires, saisies comme il s'en est vu de nos jours et dont j'affirme encore ici avoir été témoin et plus d'une fois: une personne désireuse de prier ou de chanter en langues, et qui, docile comme un petit enfant à l'enseignement donné, se met tout à coup à prier ou à chanter en langues tel un virtuose, laissant jaillir de ses lèvres un parler nouveau, un chant nouveau et saisissant qui vous en donne des frissons!

Mais je le répète, pour possibles qu'elles soient, ces saisies exceptionnelles ne sont pas la manière ordinaire de procéder de l'Esprit Saint.

9. Mais alors, la question se pose ici d'elle-même: quelle est donc la manière ordinaire de procéder pour "partir en langues"?

Oui, pratiquement, comment nous ouvrir à l'exercice de ce don de prière en esprit? Comment faire pour laisser jaillir de ma bouche ces gémissements ineffables de l'Esprit? En théorie, la réponse est simple: il suffit de se laisser faire par l'Esprit Saint. Voilà qui est facile à dire... mais qu'est-ce que cela signifie exactement?

Il s'agit d'abord de le désirer, de le demander à Dieu dans la foi, de demander que l'Esprit vienne m'inonder de "ses langues" pour que je connaisse cette joie de "prier en esprit" et de "chanter en esprit".

Puis il faut ouvrir la bouche et articuler des sons, laisser aller sa bouche, ses lèvres et sa langue et se mettre à balbutier comme font les petits enfants, se laisser aller ainsi à balbutier et à chantonner en ne se permettant pas de raisonner ou de s'objecter.

Car le don des langues s'exerce dans un acte de foi; il est le fait des tout-petits et de ceux qui veulent le devenir, se souvenant de cette parole de Jésus qui a dit:

"En vérité je vous le dis, si vous ne retournez à l'état des enfants, vous n'entrerez pas dans le Royaume des cieux" (Mt 18, 3).

Autrement dit, dans le parler en langues, c'est l'Esprit qui donne ce vocabulaire nouveau, mais c'est moi qui donne le son, c'est à moi qu'il appartient d'articuler et de sonoriser ces mots nouveaux, dans un acte de foi, et d'en faire un parler nouveau, un chant nouveau, par le fait de l'Esprit Saint.

10. Faut-il espérer une saisie ou une poussée de l'Esprit Saint pour se mettre à prier ou à chanter en langues?

Faut-il attendre de sentir ou de ressentir quelque chose? Certains croient que, pour se mettre à prier ou chanter en langues, il faut une motion très forte de l'Esprit Saint.

Et en fait, de telles motions existent, plutôt rares, mais elles peuvent aussi être très discrètes comme "le bruit d'une brise légère" (1 R 19, 12).

Certaines personnes attendent que le chant en langues monte en elles d'une manière quasi irrésistible. Mais il faut comprendre que cela se passe tout autrement.

Tout charisme est soumis à celui qui l'exerce. C'est nous qui chantons. Il s'agit donc d'ouvrir la bouche pour prier, parler ou chanter en langues et de le faire dans la foi.

Ceci implique que le don des langues – on devrait dire "le don de prier en langues" – peut être exercé par la décision de celui qui l'a reçu.

Donc, ne pas attendre pour prier en langues d'avoir une saisie miraculeuse de l'Esprit venant s'emparer de mon cœur et de mes lèvres, quoique cela puisse se produire.

Et même ceux qui ont bénéficié d'une telle merveille de l'Esprit devront chaque fois par la suite, comme des petits et des humbles, faire l'acte de foi et laisser balbutier leurs lèvres.

Il arrivera, il est vrai, surtout chez les débutants, que le fruit de la pratique de ce don se fasse savourer sensiblement, soit qu'on en éprouve une vive joie ou une paix sensible, ou encore un élan de plénitude jamais éprouvé auparavant.

Mais l'Esprit, qui veut par ce don de prière en esprit nous conduire à une foi plus ferme et plus profonde, aura tôt fait de nous détacher de tout sentiment et de toute impression sensibles et fera avancer "les parfaits" (He 5, 14) dans la foi nue, privés des repères du monde sensible qui s'avèrent à la longue des nuisances et des obstacles à la foi.

Cette prière en esprit – le don des langues – n'apporte rien à l'intelligence puisqu'elle est constituée de mots inintelligibles et incompréhensibles. Car alors, ma bouche n'émet pas de paroles distinctes, mais des "sons confus" (1 Co 14, 8), des sons dont j'ignore la valeur et dont nul ne connaît la valeur (cf. vv. 9, 11).

Même si ces paroles ont l'apparence d'un langage, c'est un langage incompréhensible pour celui qui parle comme pour celui qui entend.

Donc, ces mots ne m'instruisent pas; "mon intelligence n'en retire aucun fruit" (v. 14) et les autres ne peuvent pas en être édifiés (v. 17), car ces langues sont incompréhensibles à l'esprit humain; elles n'ont pas pour but d'enseigner ou d'instruire.

Leur raison d'être et leurs fruits sont ordonnés à l'édification personnelle, comme on va le voir plus loin.

11. Pourquoi Saint Paul n'a-t-il pas donné "le mode d'emploi" du don des langues?

Mais alors, pourquoi Saint Paul, dans ce fameux chapitre 14 de la première épître aux Corinthiens, n'a-t-il pas donné clairement "le mode d'emploi" du don des langues?

Manifestement, à la lecture de ce chapitre, on se rend compte que Saint Paul s'adressait à des initiés, c'est-à-dire à des chrétiens qui connaissaient déjà "le mode d'emploi" et qui avaient l'habitude de la pratique courante de ce don de prière.

Le problème n'était pas là, dans le groupe de prière corinthien; le problème ne se situait pas dans le *comment partir en langues*, mais plutôt dans le *comment l'exercer* en assemblée: quelle doit être, dans la pratique de ce don, la discipline nécessaire à observer pour qu'il soit exercé dans l'ordre et dans la paix.

Des abus et du trouble s'étaient produits dans les assemblées de prière chez les Corinthiens: l'esprit de parti, l'esprit de compétition, l'esprit de jalousie et de discorde (1 Co 1, 11-13; 3, 3ss), l'esprit de vanité (1 Co 4, 7) et d'insoumission (14, 26-33), et l'exercice mal géré du don des langues ne faisaient qu'exacerber les tensions en permettant à des paons d'occuper le haut du pavé.

Et si Saint Paul écrit aux Corinthiens, c'est – entre autres – pour réglementer l'exercice de ce don,

"car Dieu n'est pas un Dieu de désordre, mais de paix" (14, 33).

12. Le don des langues s'exerce d'abord et avant tout en privé. Comment l'exercer en assemblée de prière?

À la lecture de ce chapitre 14 de 1 Co, on dirait bien que Saint Paul veut limiter l'exercice du don des langues à la prière faite en privé. Comment alors l'exercer en assemblée de prière?

Le don des langues en effet, don de prière, s'exerce tout d'abord et avant tout en privé. L'exemple de Saint Paul lui-même est significatif à ce sujet:

"Je rends grâces à Dieu de ce que je parle en langues plus que vous tous; mais dans l'assemblée, j'aime mieux dire cinq paroles avec mon intelligence, pour instruire aussi les autres, que dix mille en langues" (1 Co 14, 18-19).

En effet, comment un langage "barbare" (v. 11) pourrait-il être "utile" (v. 6) aux autres puisque l'intelligence n'y comprend rien? Comment mon prochain pourrait-il en être "édifié" (v. 4)? Comment répondra-t-il: Amen! à mon action de grâces puisqu'il ne comprend pas ce que j'ai dit (cf. v. 16)?

Et si en plus, en assemblée, des vaniteux osent se servir du don des langues à qui mieux mieux pour se donner en spectacle (cf. Mt 6, 5), comme c'était le cas chez les Corinthiens, provoquant ainsi émulation, trouble et tumulte, on comprend très bien pourquoi Saint Paul s'est vu dans l'obligation d'émettre une directive à première vue incontournable et des plus strictes pour la pratique de ce don en assemblée. Il écrit en effet:

"Lorsque vous vous assemblez... Parle-t-on en langues? Que ce soit le fait de deux ou de trois tout au plus, et à tour de rôle; et qu'il y ait un interprète. S'il n'y a pas d'interprète, qu'on se taise dans l'assemblée; qu'on se parle à soi-même et à Dieu" (1 Co 14, 26-28).

Mais pour nous, dans nos groupes de prière, faut-il s'attacher à la lettre à ce que demande Saint Paul? Ne faut-il pas plutôt s'attacher à l'esprit de ce qu'il enseigne, selon l'adage qu'il nous a lui-même transmis: "La lettre tue, mais l'Esprit vivifie" (2 Co 3, 6)?

Il faut donc regarder de plus près dans quel esprit l'Apôtre recommande l'exercice des dons en assemblée, quels sont les grands principes qui l'ont inspiré, afin d'en tirer une règle de conduite pratique pour nos groupes de prière.

Le premier, le grand principe à observer est celui-ci: "Que tout se passe *de manière à édifier*" (v. 26). C'est pourquoi, en assemblée, "celui qui prophétise l'emporte sur celui qui parle en langues"; car celui qui prophétise **édifie** l'assemblée; il parle aux hommes en un langage parfaitement intelligible; "il **édifie**, exhorte, console", sa parole apporte un enseignement ou une révélation (cf. vv. 1-6).

"Celui qui prophétise l'emporte sur celui qui parle en langues, à moins que ce dernier n'interprète pour que l'assemblée en tire édification" (v. 5).

Si le parler en langues devait s'exercer en assemblée par tel ou tel membre parce qu'inspiré par l'Esprit Saint, alors, il faudrait qu'entre en jeu le don d'interprétation pour que l'assemblée puisse en tirer édification.

Rechercher ce qui édifie a pour fondement un autre principe, celui de *la charité*. Vient-il de recommander d'aspirer aux dons supérieurs qu'aussitôt Saint Paul ajoute: "Et je vais encore vous montrer une voie qui dépasse toutes les autres voies" (12, 31): celle de la charité!

Et alors, il entreprend de faire l'éloge de la charité dans ce qu'il est convenu d'appeler maintenant *L'Hymne à la charité*, commençant par cette solide mise en garde:

"Quand je parlerais les langues des hommes et des anges, si je n'ai pas la charité, je ne suis plus qu'airain qui sonne ou cymbale qui retentit" (1 Co 13, 1).

C'est que la charité – "qui ne passera jamais", qui est plus grande que la vertu d'espérance, plus grande que la foi même (13, 13) – est la base, la finalité et le sommet de tous les dons et de toutes les vertus.

"Recherchez la charité, aspirez aussi aux dons spirituels" (1 Co 14, 1): l'Apôtre nomme la charité en premier, comme s'il écrivait: "Avant d'aspirer aux dons supérieurs, commencez donc par rechercher la charité." Plus loin, il écrira: "Que tout se passe chez vous dans la charité" (1 Co 16, 14).

Enfin, un dernier principe vient chapeauter tous les autres dans l'exercice des dons en assemblée et c'est le principe de *la paix*. "Dieu n'est pas un Dieu de désordre, mais de paix" (v. 33). Saint Paul en rajoute encore quand il écrit un peu plus loin en conclusion globale de ce chapitre sur les charismes:

"Ainsi donc, mes frères, aspirez au don de prophétie et n'empêchez pas de parler en langues, mais que tout se passe décemment et dans l'ordre" (1 Co 14, 39-40), c'est-à-dire dans la paix.

Alors, que conclure? Quelles leçons pratiques peut-on tirer des règles édictées par l'Apôtre, pour l'emploi du don des langues dans nos assemblées de prière?

– Tout compte fait, celle-ci: que rien ne s'oppose à ce que s'ouvre une assemblée de prière par une prière en langues ou par un chant en langues, l'animateur interpellant toute l'assemblée à laisser jaillir cette prière ou ce chant "en esprit" pour entrer dans le recueillement et dans l'écoute de l'Esprit Saint; ou encore, rien ne s'oppose non plus à ce que l'animateur, au moment jugé opportun, fasse prier ou chanter en langues tout le groupe pour le faire entrer dans un temps de prière silencieuse.

Les principes émis par l'Apôtre sont ainsi respectés: *édification*, *charité* et *paix*.

Comme il ne s'agit pas comme tel d'un "message en langues" venant de tel membre de l'assemblée, il n'est pas besoin d'un "interprète", il n'est alors pas nécessaire que le don d'interprétation se manifeste, car l'apaisement des cœurs procuré par le chant en langues, de même que l'esprit de recueillement s'emparant de l'assemblée, est la réponse de l'Esprit, est "l'interprétation" donnée par l'Esprit à la mise en acte du charisme des langues.

Ce qui n'empêcherait point qu'une parole prophétique surgisse de ce chant ou de ce prier en langues.

13. Mais, si mon intelligence ne retire aucun fruit de cette prière, quelle en est donc l'utilité? Quels sont les fruits du don des langues?

13.1 – permet de "prier en esprit", de "parler à Dieu" en esprit

Le don des langues est un don de prière. Ce don de prière me permet de "prier en esprit" comme l'Apôtre l'enseigne: *"Si je prie en langues, mon esprit est en prière"* (14, 14).

Ce charisme de l'Esprit me permet de "parler à Dieu" (v. 2), – pouvoir parler à Dieu, c'est tout de même quelque chose! Saint Paul dit encore que ce don permet de "se parler à soi-même et à Dieu" (v. 28); "de dire en esprit des choses mystérieuses" (v. 2), ce qui se traduit aussi par: "dire des mystères".

Ce don de l'Esprit me donne la certitude dans la foi que "mon esprit est en prière" (v. 14); il me permet de "chanter une hymne avec l'esprit" (v. 15), de "bénir avec l'esprit" (v. 16), de dire à Dieu "une action de grâces qui est excellente" (v. 16-17); oui, l'Apôtre l'affirme: la prière en langues est un moyen sûr d'offrir à Dieu une action de grâces qui lui plaît, "une excellente action de grâces" (v. 17).

L'usage régulier du don des langues peut se faire n'importe où, intérieurement, sans que les autres s'en rendent compte. Et lorsque l'on est seul, rien n'empêche de le faire à haute voix. Il en résulte des bienfaits qu'on en éprouve pour sa vie spirituelle.

L'exercice de ce don aide de manière efficace dans sa prière personnelle celui qui se consacre à l'oraison, ou lors d'une intercession dans un groupe de prière, ou même au volant de sa voiture, ou durant sa marche de santé, ou en préparant le repas, ou pour mieux être attentif à la personne qui parle ou enseigne, etc.

L'usage régulier du prier en langues en rend la pratique de plus en plus simple et sans problème aucun... pourvu qu'on n'aille pas se mettre à raisonner et à s'objecter.

13.2 – *permet de prier exactement dans le même sens que Dieu le veut*

Autre utilité du don des langues: il permet de prier exactement dans le même sens que Dieu le veut, de demander à Dieu ce qui lui est agréable pour soi-même et pour toute l'Église.

Les langues de l'Esprit Saint ne sont pas autre chose que ces "gémissements ineffables" dont parle Saint Paul quand il écrit:

"L'Esprit vient au secours de notre faiblesse, car nous ne savons que demander pour prier comme il faut; mais l'Esprit lui-même intercède pour nous *en des gémissements ineffables* – cet Esprit qui se joint en personne à notre esprit (Rm 8, 16) –, et Dieu qui sonde les cœurs sait quel est le désir de l'Esprit et que son intercession pour les saints correspond aux vues de Dieu" (Rm 8, 26-27).

L'Esprit Saint connaît nos besoins personnels et ceux de tout le Corps du Christ qu'est l'Église, et il connaît les désirs de Dieu qui veut conduire tout homme à sa perfection.

Aussi, l'Esprit façonne-t-il chaque pierre vivante et l'ajuste-t-il dans la grande construction qu'est le Corps du Christ, qui s'élève petit à petit jusqu'à la stature d'Homme parfait, pour la plus grande gloire de Dieu le Père.

Le don des langues s'exerce donc avec beaucoup de profit dans les prières d'intercession, car l'Esprit nous aide ainsi à demander, sous sa motion, ce qui correspond aux vues, aux plans, aux volontés de Dieu sur nous. Ce serait une erreur que de limiter le charisme du chant en langues à l'unique aspect de la louange.

13.3 – arme efficace contre les tentations

La prière en langues et le chant en langues sont *des armes de lumière* des plus précieuses pour combattre les tentations qui ne manquent pas de survenir dans la vie du chrétien, du consacré, qu'elles viennent de la chair, de l'esprit du monde ou du Malin.

L'antique serpent – le menteur, le jaloux, l'homicide – lui qui "ne vient que pour voler, égorger et détruire" (Jn 10, 10) – cherche par tous les moyens à faire obstacle à l'Esprit Saint et à briser son œuvre sanctificatrice en nous, et le don des langues a le pouvoir de culbuter le tentateur là d'où il vient. C'est une merveille qui se vit au quotidien, et tous ceux qui pratiquent ce don avec foi en font l'heureuse expérience.

13.4 – arme efficace pour maîtriser sa langue, intérieure et extérieure

Le don des langues est un antidote puissant contre "le fléau" de la langue – la langue extérieure aussi bien qu'intérieure. "C'est le monde du mal, cette langue placée parmi nos membres, elle souille tout le corps… enflammée qu'elle est par la Géhenne. La langue est pleine d'un venin mortel, c'est un fléau sans repos" (Jc 3, 6, 8) qui met à rude épreuve le cœur du tout-petit qui veut servir son Seigneur de toutes ses forces.

Qui peut la dompter, cette langue? – Moi, dit l'Esprit, moi qui viens au secours de votre faiblesse par mes gémissements ineffables! Ainsi, par l'exercice du don des langues de l'Esprit Saint, le serviteur, la servante de Dieu peut apprendre la maîtrise de sa langue, se faire "prompt à écouter et lent à parler", et devenir "parfait, capable de réfréner tout son corps" (cf. Jc 1, 19; 3, 2).

13.5 – arme efficace contre le trouble et pour se garder dans la paix

Le don des langues s'avère une arme des plus efficaces dans le bon combat de chaque jour que doit mener le chrétien pour se garder dans la paix.

Car le trouble, quelle qu'en soit la cause: les événements de la vie, nos passions, les vexations de toutes sortes, etc., est toujours un ennemi de la vie spirituelle, et le démon crie victoire quand il réussit à troubler un serviteur, une servante de Dieu.

La paix du cœur: comme on méconnaît et sous-estime ce grand principe de la vie spirituelle! Le don des langues est un instrument de choix pour acquérir une paix stable et féconde.

13.6 – porte ouverte aux autres dons

L'exercice du "don des langues", du "prier en langues" nous apprend que ce don ouvre la porte aux autres dons. Pourquoi? – Sûrement parce qu'il demande une grande simplicité, une vraie humilité, un profond abandon, une disponibilité et une écoute attentive à l'Esprit.

En fait, pour l'exercer, il faut accepter de renoncer à se demander ce que vont penser les autres, pour "redevenir comme un petit enfant" (Mt 18, 3). Si nous sommes prêts à cela, l'Esprit Saint pourra certainement nous confier d'autres charismes à exercer dans la foi, tels que la prophétie et le discernement des esprits, qui nécessiteront de notre part une foi agissante et une humilité encore plus grande.

Le don des langues est encore la porte ouverte à tous les dons de Dieu en ce qu'il affirmit en nous la paix de Dieu, cette paix mystérieuse "qui surpasse toute intelligence" (Ph 4, 7). Et la paix de Dieu est nécessaire à l'âme pour être attentive et sensible aux inspirations de l'Esprit Saint, pour se laisser docilement mouvoir par lui, et pour entendre sa voix au fond du cœur.

Le Seigneur pour parler au-dedans de notre cœur veut que nous soyons fidèles à garder sa paix et son silence, car "Dieu habite dans la paix" (Ps 76, 3).

La pratique du don des langues contribue à affermir l'âme dans une paix stable, fondement de toute vie spirituelle, et à la faire grandir dans la foi.

13.7 – pour ma sanctification personnelle, pour ma propre "édification"

"Celui qui parle en langues *s'édifie* lui-même" (14, 4). En effet, celui qui consent à faire cet acte de foi de prier en langues *s'édifie*, c'est-à-dire *construit* en son cœur la foi, l'espérance et la charité, se construit personnellement lui-même, ou plutôt construit en lui "la tour" de sa vie spirituelle, de sa vie de perfection (Lc 14, 28-30), cette maison de paix où Dieu se plaît à habiter en permanence.

Voilà bien des images pour parler du Royaume des cieux qui s'établit mystérieusement dans l'âme.

Comme le don des langues repose sur un acte de foi pratique en l'intervention de l'Esprit Saint, toutes les autres vertus s'en trouvent ainsi revigorées par le fait même: la justice (conformité à la volonté de Dieu en toute chose), la longanimité (patience dans les épreuves), la douceur, la confiance dans les autres, la maîtrise de soi, l'écoute, la serviabilité et la bonté, etc.

Il faut remarquer que le don des langues ou le "prier en esprit" a un statut quelque peu particulier par rapport à l'ensemble des charismes. Alors que les charismes servent à l'édification du Corps du Christ, force est de constater que le prier en langues ou le chant en langues contribue à la sanctification personnelle de celui qui l'utilise selon cette parole de Saint Paul:

"Celui qui parle en langues s'édifie lui-même" (1 Co 14, 4),

"...car celui qui parle en langues ne parle pas aux hommes, mais à Dieu... il dit en esprit des choses mystérieuses" (1 Co 14, 2).

C'est pourquoi, comme nous sommes tous appelés à la sainteté, nous recommandons fortement dans la prière personnelle d'utiliser ce charisme de prière.

13.8 – *arme puissante dans les exorcismes*

C'est sans contredit dans les exorcismes que le don des langues manifeste toute sa splendeur et toute sa puissance; c'est là qu'on peut constater de visu son efficacité et même sa nécessité dans le combat pour détrôner le Mauvais.

L'esprit du mal est décontenancé et fortement pris à partie par l'éclat de ce don de lumière et contraint petit à petit de se soumettre et d'obéir aux hommes de Dieu qui lui commandent au Nom de Jésus Christ de lâcher prise et de s'enfuir à jamais dans les abîmes.

Expulser les démons, c'est un miracle, dit Jésus (Mc 9, 38-40), et la libération d'une âme liée par Satan est une éblouissante merveille de Dieu.

Il m'a été donné d'en être l'acteur et le témoin et d'expérimenter en ces circonstances le pouvoir de ces deux prodigieux instruments que sont le don des langues et le don de prophétie, et j'en garde un souvenir inoubliable.

13.9 – dispose à adorer Dieu "en esprit"

Le don des langues est une excellente façon de disposer l'âme à adorer Dieu "en esprit", puisque ce don est "prière en esprit". C'est d'ailleurs la façon dont Dieu veut être adoré, "en esprit et vérité", comme Jésus nous l'a révélé en dialoguant avec la Samaritaine:

"Crois-moi, femme... L'heure vient, et nous y sommes, où les vrais adorateurs adoreront le Père en esprit et vérité, car ce sont là les adorateurs tels que les veut le Père. Dieu est esprit, et ceux qui adorent, c'est en esprit et vérité qu'ils doivent adorer" (Jn 4, 23-24).

14. La prière en langues, le chant en langues dispose à entrer en oraison et ouvre la voie à la prière contemplative

Le don des langues, don de prière en esprit, don de louange, s'avère un merveilleux atout pour entrer en oraison, dans cette prière personnelle et silencieuse qui nous établit dans le recueillement.

"N'entretenez aucun souci, écrit l'Apôtre, mais en tout besoin recourez à l'oraison et à la prière, pénétrées d'action de grâces, pour présenter vos requêtes à Dieu" (Ph 4, 6).

Saint Paul exhorte les chrétiens à prier et à faire oraison, oraison "mentale" selon l'appellation adoptée par les maîtres de la vie spirituelle.

Selon Sainte Thérèse, "l'oraison mentale n'est qu'un commerce intime d'amitié où l'on s'entretient souvent seul à seul avec ce Dieu dont on se sait aimé".

Dans ce commerce intime d'amitié, le don des langues dispose au recueillement et rend le cœur attentif au Bien-Aimé et aux désirs qu'il y dépose.

Le don des langues dispose à entendre les paroles suaves de l'Esprit Saint qui viennent nourrir le cœur, le fortifier, l'éclairer sur ce qu'il doit faire.

Le don des langues rend attentif aux supplications d'amour qui jaillissent comme des jets, comme des flèches d'amour vers le Bien-Aimé, ces supplications qui réchauffent le cœur et attisent ce saint amour pur et détaché.

Le don des langues dispose l'âme à accepter de vivre paisiblement ces périodes de sécheresse et d'aridité dans lesquelles le Bien-Aimé semble se cacher, être absent et lointain.

Le don des langues est un soutien assuré de l'oraison pour garder le cœur attentif dans la foi au Seigneur présent et pour écouter sa Parole dans un silencieux amour.

Le don des langues, don de l'Esprit Saint, don de "prière en esprit", va s'avérer un merveilleux instrument pour entrer en oraison sans travail de l'intelligence, sans fatigue de l'esprit, et pour avancer sur les eaux de la foi jusqu'au large, c'est-à-dire jusqu'à l'union à Dieu.

Selon Saint Paul, prier en langues "édifie" celui qui prie, même s'il ne comprend pas le sens de ce qu'il dit, car son esprit est en prière, bien que son intelligence soit au repos (cf. 1 Co 14, 14).

Car cette prière en esprit qu'est le don des langues nous libère de la nécessité de réfléchir pour formuler des mots, nous dépouille de l'effort intellectuel qu'il faudrait faire pour prier et nous fait entrer dans l'acte de foi nue, c'est-à-dire qu'il nous faut croire que cette prière en esprit nous fait entrer en relation avec Dieu, nous fait parler à Dieu (1 Co 14, 2) puisque "mon esprit est en prière" (v. 14).

Lorsque la prière en langues est faite fréquemment en privé, elle devient un moyen de développer le silence intérieur, rendant notre esprit paisible et libre pour communiquer directement "en esprit" avec Dieu.

Cette prière que nous pouvons appeler "purement contemplative" nous permet d'être immergés en Dieu dans un simple acte de foi, et pour cela, pas besoin de mots formulés par l'intelligence.

Durant notre oraison, notre intelligence et notre réflexion peuvent naturellement faire obstacle à cette immersion en Dieu, nous privant ainsi du silence et du recueillement contemplatifs.

Comme le Seigneur, qui est Esprit, nous attend pour communiquer avec nous sans paroles et en silence, nous devrions doucement fermer notre intelligence à vouloir formuler des paroles, car le Seigneur donne le signe qu'il nous invite à la pacification de notre être, c'est-à-dire au silence et au recueillement.

Pour l'âme, cette vérité de foi demeure consolante malgré la nuit obscure de la foi, la sécheresse, la désolation, le sentiment de l'absence de Dieu en l'âme.

La prière en langues s'avère en même temps un outil précieux pour tenir en échec les distractions qui surgissent au temps de l'oraison et pour nous donner du courage pour persévérer dans la prière.

L'âme peut alors être saisie par ce mystérieux silence, moment de rencontre personnelle avec son Dieu, lui "qui comble de bienfaits son bien-aimé quand il dort" (Ps 127, 2).

Et comment les "gémissements ineffables" de l'Esprit Saint montant de mon cœur ne me conduiraient-ils pas à l'union de mon âme et de tout mon être à Dieu?

On peut considérer la prière en langues comme étant une voie dans l'oraison qui nous conduit plus facilement vers la prière contemplative que lorsqu'on fait effort de chercher nos propres mots pour prier.

On peut dire que le prier en langues est un chemin plus rapide, un raccourci pour entrer en union avec Dieu dans la contemplation infuse, dans le silence et le recueillement de Dieu.

Ce don de prière enrichit la vie du chrétien parce que l'Esprit Saint lui-même parle en lui par "ses langues", ce qui lui fait prendre conscience qu'il est un temple de l'Esprit Saint.

On peut dire que la prière en langues ou "prier en esprit" est une forme d'oraison très propre à faire avancer dans les voies de la vie spirituelle celui qui en est favorisé.

15. Certes, le Seigneur nous affirme qu'il faut toujours prier, qu'il faut vivre dans la prière au dire de Saint Paul. Mais comment? Est-ce possible?

Tout d'abord, je dois avoir tout au long du jour l'intention et le désir de prier, d'invoquer le Seigneur présent à ma vie, le désir de m'arrêter, de prendre un temps pour prier.

Puis c'est moi qui décide que, par exemple, je vais réciter mon chapelet, formuler des oraisons jaculatoires ou entreprendre de réciter l'Office du bréviaire.

Il en est ainsi pour le prier en esprit, le prier en langues. C'est moi qui décide volontairement de prier en langues, en esprit. Je peux le faire en tout temps, en toute circonstance, à tout moment, silencieusement, ou à haute voix si je suis seul.

Cependant, il peut arriver et il arrive que je suis en méditation ou en prière dans l'Esprit et que je sens, j'expérimente que l'Esprit Saint m'invite à ne faire aucun effort pour méditer ou formuler une prière ou prier en esprit. C'est le moment de demeurer calme et paisible, collé à la présence de Dieu en mon cœur. C'est vraiment prier Dieu en esprit que de le prier de cette façon sans me mettre en peine pour trouver des mots à ma prière d'oraison.

Lorsque se présentent des distractions qui me mettent en dehors de la présence de Dieu, là c'est le moment de prier en esprit, de prier en langues, jusqu'à temps que l'Esprit ait pris possession de mon cœur et de mes pensées pour me conduire dans la tranquillité de l'esprit, dans la paix de l'âme.

16. Est-ce que tous peuvent parler, prier ou chanter en langues?

Le don des langues peut-il être le fait de tout le monde? Est-ce que tous peuvent parler, prier ou chanter en langues?

Saint Paul écrit: "Je désire que vous parliez tous en langues" (14, 5); et encore: "N'empêchez pas de parler en langues" (v. 39). Lui-même s'exclame à un moment donné: "Je rends grâce à Dieu de ce que je parle en langues plus que vous tous" (v. 18).

À la lecture de ces versets, il est légitime de penser que l'exercice du don des langues pourrait être le fait de tout le monde en effet, d'autant plus que Saint Paul exhorte ainsi ses chers Corinthiens: "Aspirez aux dons supérieurs" (12, 31), "Aspirez aux dons spirituels" (14, 1); et encore: "Puisque vous aspirez aux dons spirituels, cherchez à y exceller" (v. 12).

Mais ailleurs, cependant, Saint Paul apporte une nuance quand il écrit:

"À chacun la manifestation de l'Esprit est donnée en vue du bien commun. À l'un, ceci, à tel autre, cela...; à un autre les diversités de langues, à tel autre le don de les interpréter. Mais tout cela, c'est l'unique et même Esprit qui l'opère, distribuant ses dons à chacun en particulier comme il l'entend" (1 Co 12, 7-11).

"Aucun don spirituel ne vous manque", écrit l'Apôtre (1 Co 1, 7), mais cependant il y a pluralité de membres dans le corps unique que nous formons, d'où la diversité de dons spirituels, la diversité de ministères, la diversité d'opérations; si "c'est le même Dieu qui opère tout en tous, (par contre) à chacun la manifestation de l'Esprit est donnée... " (cf. 1 Co 12, 4-7).

"Ainsi nous, à plusieurs, nous ne formons qu'un seul corps dans le Christ, étant, chacun pour sa part, membres les uns des autres, mais (nous sommes) pourvus de dons différents selon la grâce qui nous a été donnée" (Rm 12, 5-6).

Puisqu'il en est ainsi, puisqu'il y a cette diversité et cette variété nécessaires, Saint Paul peut bien s'écrier:

"Tous sont-ils apôtres? Tous sont-ils prophètes? Tous sont-ils docteurs? Tous font-ils des miracles? Tous ont-ils des dons de guérisons? *Tous parlent-ils en langues?* Tous interprètent-ils?" (1 Co 12, 29-30).

Mais il enchaîne aussitôt en disant: "Aspirez aux dons supérieurs, aspirez aux dons spirituels" (12, 31; 14, 1); il nous fait donc ainsi le commandement, il nous intime l'ordre de demander à Dieu ce don "supérieur" (12, 31) qui édifie en nous la vie de foi et qui permet de parler à Dieu.

Alors, tous peuvent-ils parler en langues? – Oui, certainement! Tous doivent-ils aspirer à ce don? – Assurément! L'Apôtre nous en fait l'obligation... à tout baptisé en tout cas, à tout baptisé qui s'éveille à la vie dans l'Esprit et qui veut entrer dans sa mouvance et connaître dans l'intime du cœur ses touches divines.

"Aspirez aux dons supérieurs! Aspirez aux dons spirituels! Et n'empêchez pas de parler en langues!" (12, 31; 14, 1, 39).

17. Chantez, chantez au Seigneur ce chant nouveau!

L'exhortation impérative de l'Apôtre n'a rien perdu de sa vigueur ni de son actualité, et je ne trouve pas de meilleure façon de conclure ces pages que de vous la redire:

"Aspirez aux dons supérieurs, aspirez aux dons spirituels, et ne vous empêchez pas de parler, de prier et de chanter en langues!"

Ayez foi en la sagesse de Dieu venue nous instruire par l'Apôtre, elle qui "ouvre la bouche des muets et délie la langue des tout-petits" (Sg 10, 21).

"C'est par la bouche des tout-petits et des nourrissons qu'il a plu à Dieu de se ménager une louange" (Mt 21, 16).

Laissez-vous aller à balbutier comme font les nourrissons, laissez aller vos lèvres et donnez du son. Sonorisez ces "gémissements ineffables" qui ne demandent qu'à jaillir de votre cœur et l'Esprit de Dieu vous fera vivre de belles merveilles; vous rendrez grâce en chantant avec le Psalmiste:

"Le Seigneur a mis sur mes lèvres le cantique nouveau… Je te chante, mon Dieu, en présence des anges" (Ps 40, 4; 137, 1).

Et si déjà ce don s'est exprimé chez vous, en votre vie, ne le négligez pas mais servez-vous-en souvent, en toute circonstance et en tout lieu, pour chanter à Dieu votre reconnaissance (Col 3, 16), pour fortifier en vous la paix, l'esprit de foi et de piété, l'amour de la croix et l'ouverture toujours renouvelée de votre cœur à l'accomplissement de la volonté divine.

F. Jacques Roy, berger des Pauvres de Saint-François

18. Prière à l'Esprit Saint

"Esprit qui distribues à chacun des charismes,
Esprit de sagesse qui aimes les hommes,
emplis les Prophètes,
parfais les Apôtres,
fortifie les martyrs,
inspire l'enseignement des docteurs.

C'est à toi, Dieu Paraclet,
que nous adressons ces supplications
avec cette fumée odorante,
demandant de nous renouveler maintenant
de tes saints dons,
de reposer sur nous comme sur les Apôtres
au Cénacle.

Répands sur nous tes charismes,
remplis-nous de la sagesse de ta doctrine,
fais de nous les temples de ta gloire,
enivre-nous du breuvage de ta grâce."

Églises de rite syriaque
Office de Pentecôte

Bibliographie sommaire

ROY, Jacques, *Illumination*, chapitre 3: Don des langues, Trois-Rivières, Les Pauvres de Saint-François, 1976, pp. 79-130.

ROY, Jacques, *La Règle et la vie des Pauvres de Saint-François*, chapitre 3: De la nécessité de prier sans relâche; des moyens pour y parvenir, nos 2 à 6, 1987.

SULLIVAN, Francis A., s.j., *Charismes et renouveau charismatique* (Étude biblique et théologique – Préface du Cardinal Suenens), chapitre VIII: Le don des langues, Collection Chemin Neuf – Pneumathèque, pp. 197-246.

SOUBEYRAND, Pierre, *Si tu savais le feu de la prière*, chapitre: La prière en esprit, Paris, Pneumathèque, 1977, pp. 128-130.

Je suis au milieu d'eux – L'exercice des charismes, Éditions de l'Emmanuel, 1993, pp. 63-73.

Annexe 1

*Réponse à un jeune aspirant à la vie religieuse
qui se questionne sur le don des langues.*

Mon cher frère,

Que le Dieu trois fois saint te donne sa paix et de recevoir dans une bonne terre la semence de la parole que je t'adresse aujourd'hui, espérant qu'il te sera possible d'entrer davantage dans les mystères du Seigneur!

En réponse à ta question sur le "parler en langues", je veux t'entretenir sur la prière incessante que doit envisager celui qui veut être un vrai serviteur de Dieu. Tu connais sûrement cette parole de Jésus:

"Il faut toujours prier sans jamais se lasser" (Lc 18, 1);

et ces exhortations de Saint Paul:

"Vivez dans la prière, les supplications et l'action de grâce dans l'Esprit Saint en y apportant une vigilance inlassable" (Ep 6, 18);

"En tout besoin, recourez à l'oraison et à la prière, pénétrées d'action de grâces, pour présenter vos requêtes à Dieu. Alors, la paix de Dieu, qui surpasse toute intelligence, prendra sous sa garde vos cœurs et vos pensées dans le Christ Jésus" (Ph 4, 6-7).

M'inspirant des paroles de Saint Paul, donc de paroles divinement inspirées, j'affirme qu'il faut se rappeler que l'Esprit Saint habite en chacun de nous et vient au secours de notre faiblesse. C'est *lui qui se joint en personne à notre esprit* et intercède pour nous selon les desseins du Père en vue du bien commun.

C'est pourquoi, comme l'atteste l'Écriture, il faut être persuadé, dans un grand esprit de foi, que lorsque l'Esprit Saint se joint à notre esprit pour "prier en langues", notre esprit est vraiment en prière, même si notre intelligence n'en retire aucun fruit, mais l'âme en retire le grand fruit de la paix.

Par ce don de prière, notre esprit parle vraiment à Dieu, par l'Esprit Saint qui met sur nos lèvres et dans notre cœur des paroles que nous ne comprenons pas, mais que Dieu accueille par son Esprit. C'est ainsi que notre esprit le supplie, le loue, le bénit et lui rend grâces par l'Esprit et dans l'Esprit.

Cette habitude de "prier en langues" ou de "parler en langues" à Dieu (c'est-à-dire, en secret dans notre cœur) édifie, construit en nous la foi, l'espérance et la charité. Cette prière est une action de grâces excellente au dire de Saint Paul.

C'est pourquoi il dit aux Corinthiens qu'il prie plus qu'eux tous en langues. Il le faisait certainement en son cœur. Mais, en assemblée, il faut s'exprimer dans la langue du peuple présent afin qu'il puisse répondre "Amen" à cette prière.

De toute façon, je t'invite à lire attentivement le chapitre 14 de la première épître aux Corinthiens, en particulier les versets 13 à 19. Ainsi, tu pourras mieux comprendre pourquoi je te dis que "celui qui prie ou parle en langues" fait une vraie prière de foi, car c'est l'Esprit Saint lui-même qui, à travers notre prière, bénit, loue, rends grâces et même demande pour nous selon le dessein, le plan du Père.

Voilà pourquoi, chez les Pauvres de Saint-François, il est dit: "Que les frères ne s'empêchent pas de parler à Dieu en esprit en "priant en langues" sous prétexte que l'on ne comprend rien, que l'on ne sent ni ne goûte rien dans cette prière."

Cette prière dans l'Esprit conduit à la contemplation. Elle nous apprend à nous détacher du "sensible", du "goût charnel" que l'on peut rechercher dans la prière, car on est souvent porté à se laisser conduire par notre goût pour juger si notre prière est bonne ou ne l'est pas.

Délaisser ou rejeter cette forme de prière de foi comme inutile serait coopérer à l'œuvre de notre ennemi commun, car il sait que "prier ou parler en langues" est une arme redoutable contre lui et toutes ses astuces. Il sait que cette prière de foi dans l'Esprit affermit solidement le serviteur de Dieu dans l'exercice des charismes de prophétie et de discernement des esprits, ainsi que dans l'amour du Père, du Fils et du Saint-Esprit.

Ce qui est important, mon cher frère, c'est que tu supplies ardemment et fréquemment pour que l'Esprit t'enseigne et te fasse entrer dans cette prière ininterrompue. Peu importe la forme ou la manière de prier, le Seigneur te fera comprendre et vivre l'expérience du "prier en langues" ou du "parler en langues".

Sois désireux qu'il prenne possession de ton esprit, de tes lèvres et de tout ton cœur.

Certes, ce "prier en langues" n'est pas l'unique façon de prier. Les moines d'Égypte faisaient des prières fréquentes mais très courtes et comme lancées à la dérobée que certains appellent "oraisons jaculatoires". Ceci afin que ne soit pas dispersée, gaspillée cette attention vigilante et soutenue si nécessaire à l'homme qui prie.

En fait, la prière ne doit pas comporter beaucoup de paroles, mais beaucoup de supplications en persistant dans une fervente attention.

Beaucoup prier, c'est frapper par le désir à la porte de Celui que nous prions par l'activité insistante et religieuse du cœur. Plus souvent par les gémissements que par les discours, plus souvent par les larmes que par la formulation de phrases.

Au fond, quand nous prions, notre grand désir, notre grande aspiration se traduit par ce verset du Psaume que l'Esprit Saint a inspiré au psalmiste:

"La seule chose que je demande au Seigneur, la seule que je cherche, c'est d'habiter la maison du Seigneur tous les jours de ma vie, de savourer la douceur du Seigneur, de rechercher son palais" (Psaume 27, 4).

En fait, ces jours n'ont pas de fin. Ce verset exprime ce grand désir d'obtenir cette Vie bienheureuse, c'est-à-dire Celui qui est en personne la Vie véritable et qui nous a enseigné à prier.

Non pas avec un flot de paroles comme si nous devions être exaucés du fait de notre bavardage: en effet, comme dit le Seigneur Jésus, avant même que nous ayons manifesté nos demandes, notre Père du ciel connaît nos besoins.

Il faut toujours désirer la Vie bienheureuse afin d'être toujours en état de prière. Mais les soucis, les affaires et les attaches de toutes sortes affaiblissent jusqu'au désir de prier; c'est pourquoi, à heures fixes, il est important de nous arrêter et de prendre un temps d'oraison; ce précieux temps d'oraison nous permet de ramener notre esprit en présence de Dieu.

C'est là, mais pas seulement là, qu'intervient l'exercice, la pratique du "prier en langues" qui vient au secours de notre esprit pour se recueillir, surtout lorsque nous avons beaucoup de difficultés à formuler de simples mots ou des oraisons jaculatoires, ou encore parce que nous sommes assaillis de distractions multiples ou de tentations.

Cher ami, l'insistance de Saint Paul à "prier sans cesse" signifie simplement: désirer sans cesse la Vie bienheureuse qui n'est autre chose que la Vie éternelle qui elle-même est Celui qui, seul, a pouvoir de nous la donner.

Je t'ai entretenu longuement sur la prière, j'ai utilisé tout mon temps pour le faire et j'espère que tu prendras toi aussi tout le temps de me lire et de méditer ce texte afin que tu en acquières l'intelligence.

Je l'ai fait pour que ton cœur et tout ton être aspire à devenir une âme ardente de prière et que le Seigneur se fasse une joie de se servir de toi comme serviteur (...) Que Dieu par son Esprit Saint t'accorde de persévérer à son service (...)

Que le Seigneur te bénisse et te garde, qu'il te montre son Visage, qu'il étende sur toi sa miséricorde et te comble de sa douce paix!

Ton frère dans le Seigneur Jésus,

F. Jacques Roy, berger des Pauvres de Saint-François
Octobre 2002

Annexe 2

Le don des langues au cours de l'histoire de l'Église

Comment l'exercice du don des langues s'est-il perpétué au cours de l'histoire de l'Église? Ce charisme de l'Esprit Saint tel qu'on l'a vu resurgir de nos jours est-il bien le même que celui décrit par l'Apôtre en 1 Co 14? Voici les réponses apportées à ces questions par le père Francis Sullivan, s.j., dans <u>Charismes et Renouveau charismatique</u> (Chemin Neuf, pp. 241-244).

«Nous disposons de documents très sûrs indiquant qu'il existait un chant spontané de l'assemblée, analogue sinon identique au chant en langues actuel; il était pratiqué dans les Églises de l'âge patristique et continua à l'être pendant plusieurs siècles. Cette sorte de chant était traditionnellement désigné sous le nom de "jubilation"…

Le terme "jubilation" vient du latin *jubilatio*, tiré du verbe *jubilare*... C'est l'emploi de ces mots dans les Psaumes qui a le plus fortement influencé la pratique chrétienne de la "jubilation".

Dans les commentaires des Psaumes que saint Augustin nous a laissés, ce fait est particulièrement évident. À chaque fois que ces mots survenaient dans un Psaume, non seulement saint Augustin expliquait ce que voulait dire "jubilation", mais il exhortait aussi ses ouailles à jubiler. Un des nombreux passages que l'on peut citer en exemple à cet égard est son commentaire du Psaume 32 où il donne du verset 3: "*Cantate in jubilatione*" la traduction suivante: "Chantez en jubilant". Voici le commentaire de saint Augustin:

Qu'est-ce que chanter en jubilant? Comprends que les mots ne peuvent traduire le chant, quand c'est le cœur qui chante. Voyez en effet ceux qui chantent pendant les moissons ou les vendanges, ou quelque autre travail qui les absorbe; à peine ont-ils commencé à exprimer leur joie par des paroles chantées que sous l'emprise de cette joie trop abondante pour se traduire en paroles, laissant de côté les mots articulés, ils se mettent à pousser des cris de jubilation.

Il y a jubilation quand le cœur laisse échapper ce que la bouche ne peut dire. Et qui donc peut être objet de jubilation mieux que le Dieu ineffable? L'être ineffable est celui qui ne peut être dit; si donc tu ne peux le dire et que tu ne dois pas le taire, que te reste-t-il sinon jubiler, en sorte que la joie du cœur éclate sans le secours des paroles et que l'immensité de l'allégresse déborde les étroites limites des mots?

Cette pratique d'un chant improvisé et sans parole est attestée par de nombreux Pères de l'Église, grecs et latins, et ne se termine pas avec l'époque patristique. Jusqu'au 9e siècle, il était de tradition pour les fidèles, pendant la liturgie de Pâques, de prolonger la dernière syllabe de *l'alléluia* pascal par des mélodies improvisées. On appelait cela le *jubilus*, qui fut remplacé après le 9e siècle par la "Séquence" dont les mots et la mélodie étaient fixes.

Si la pratique de ce chant de jubilation par l'assemblée n'est pas si bien attestée dans les périodes plus tardives de l'histoire de l'Église, il existe cependant une tradition constante dans les écrits de spiritualité chrétienne, de la période médiévale à l'époque moderne, qui atteste que le chant improvisé et sans paroles destiné à traduire une joie spirituelle inexprimable en mots, était pratiqué dans la prière privée. Saint Thérèse d'Avila, comme saint Jean de la Croix, en avait fait l'expérience, ils l'appelaient *jubilo*.

On peut se poser ici la question suivante: si l'on observe des ressemblances aussi frappantes entre la pratique traditionnelle de la jubilation et le chant en langues moderne, comment expliquer que les Pères et les autres écrivains qui traitent de la jubilation ne semblent jamais l'avoir identifiée au "don des langues" du Nouveau Testament, ou à l'hymne dit en esprit, que mentionne saint Paul? (1 Co 14, 15).

Si je ne me trompe pas, la réponse est que les Pères, et pratiquement tous ceux qui écrivent sur ce sujet jusqu'à une époque très récente, considéraient le don des langues comme la faculté miraculeuse de prêcher l'Évangile dans les langues étrangères sans les avoir jamais apprises. Étant donné la notion fausse qu'ils avaient de la nature réelle de ce don, on comprend qu'ils n'aient pas identifié le chant de jubilation sans parole au charisme du Nouveau Testament.

Mais de nos jours où le don des langues apparaît sous un nouvel éclairage, grâce aux études bibliques et historiques d'une part et d'autre part grâce à l'expérience, nous sommes en mesure de percevoir la ressemblance étroite entre ce que saint Paul appelait "chanter une hymne en esprit" et ce que la tradition appelait "jubilation".»

Table des matières

Avant-propos 3
1. Tout repose sur la foi en la Parole de Dieu 5
2. Deux facettes du don de prière 7
3. "Je prierai avec mon intelligence.." (1 Co 14, 15) 8
4. "....mais je prierai aussi en esprit" (1 Co 14, 15) 10
5. S'abandonner à l'action de l'Esprit Saint 11
6. Osez donner une voix à ces "gémissements ineffables" de l'Esprit qui montent en vous! 12
7. Cette présence agissante de la Personne de l'Esprit Saint en tout baptisé! 13
8. Manifestations du don des langues dans l'Église primitive 15
9. Mais alors, la question se pose ici d'elle-même: quelle est donc la manière ordinaire de procéder pour "partir en langues"? 17
10. Faut-il espérer une saisie ou une poussée de l'Esprit Saint pour se mettre à prier ou à chanter en langues? 18
11. Pourquoi Saint Paul n'a-t-il pas donné "le mode d'emploi" du don des langues? 20
12. Le don des langues s'exerce d'abord et avant tout en privé. Comment l'exercer en assemblée de prière? 21
13. Mais, si mon intelligence ne retire aucun fruit de cette prière, quelle en est donc l'utilité? Quels sont les fruits du don des langues? 25

    13.1 – permet de "prier en esprit", de "parler à Dieu" en esprit 25
    13.2 – permet de prier exactement dans le même sens que Dieu le veut 26
    13.3 – arme efficace contre les tentations 27
    13.4 – arme efficace pour maîtriser sa langue, intérieure et extérieure 27
    13.5 – arme efficace contre le trouble et pour se garder dans la paix 28
    13.6 – porte ouverte aux autres dons 28
    13.7 – pour ma sanctification personnelle, pour ma propre "édification" ... 29
    13.8 – arme puissante dans les exorcismes 30
    13.9 – dispose à adorer Dieu "en esprit" 31

14. La prière en langues, le chant en langues dispose à entrer en oraison et ouvre la voie à la prière contemplative.. 32

15. Certes, le Seigneur nous affirme qu'il faut toujours prier, qu'il faut vivre dans la prière au dire de Saint Paul. Mais comment? Est-ce possible?........................... 36

16. Est-ce que tous peuvent parler, prier ou chanter en langues?........................ 37

17. Chantez, chantez au Seigneur ce chant nouveau!.. 39

18. Prière à l'Esprit Saint... 40

Bibliographie sommaire 41

Annexe 1... 42

Annexe 2... 47

Oui, je veux morebooks!

i want morebooks!

Buy your books fast and straightforward online - at one of world's fastest growing online book stores! Environmentally sound due to Print-on-Demand technologies.

Buy your books online at
www.get-morebooks.com

Achetez vos livres en ligne, vite et bien, sur l'une des librairies en ligne les plus performantes au monde!
En protégeant nos ressources et notre environnement grâce à l'impression à la demande.

La librairie en ligne pour acheter plus vite
www.morebooks.fr

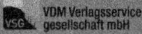
VDM Verlagsservicegesellschaft mbH
Heinrich-Böcking-Str. 6-8   Telefon: +49 681 3720 174   info@vdm-vsg.de
D - 66121 Saarbrücken   Telefax: +49 681 3720 1749   www.vdm-vsg.de

www.ingramcontent.com/pod-product-compliance
Lightning Source LLC
Chambersburg PA
CBHW031322150426
43191CB00005B/302